V. 2001.
2. C.

DISSERTATION

SUR LA

GEOMETRIE,

Avec le premier Chapitre de nouveaux principes, ou Elémens des Mathematiques.

Par M. LIGER, *Commis au Bureau de la Guerre.*

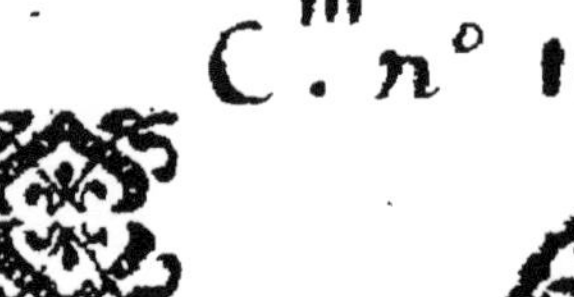

A PARIS,

Chez CLAUDE-PIERRE GUEFFIER, Parvis N. Dame, à la Liberalité.

M. DCC. XLIII.

Avec Approbation & Privilege du Roi.

AVERTISSEMENT
du Libraire au Lecteur.

M. LIGER, Auteur de cet Ouvrage, travaille à en mettre la fuite inceffamment fous la preffe ; j'ofe affurer le Public qu'il aura le plaifir d'y voir des preuves de ce qui eft avancé dans cette Partie plus furprenantes qu'on ne peut exprimer ; plufieurs Sçavans du premier ordre en font dans l'étonnement.

L'on y verra que les difficultés qui empêchoient de trouver la Quadrature du Cercle, provenoient de défauts dans les principes ufités , & que l'affurance où l'on étoit fur la folidité de ces principes , eft la caufe qui faifoit déclarer à plufieurs Sçavans cette découverte impoffible : auffi pour la prouver M. L... réforme-t-il prefqu'entierement les Elémens d'Euclide, entr'autre l'incommenfurabilité entre plufieurs lignes , &c. par des moyens auffi nouveaux qu'extraordinaires.

DISSERTATION

SUR LA

GEOMETRIE.

A Géométrie confiste en des Lignes & des Figures défignées par des lettres, cette défignation eft l'Algébre.

Les Auteurs de Géométrie fe font appliqués à traiter de la grandeur en général algébriquement, c'eft-à-dire, fans connoiffance de la valeur des grandeurs comparées ; ils ont méprifé les nombres, & fe font feulement attachés à l'Algébre, alléguant qu'il eft plus court & plus précis que les nombres ; dont les longs calculs embarraf-

A

sent; c'est par cette raison que leurs
principes sont purement algébriques. Ils ont renvoyé à la Géométrie-pratique la jonction des nombres, de façon qu'ils ont distingué deux sortes de Géométries,
l'une Elémentaire, purement spéculative & algébrique, l'autre Pratique.

La premiere est considerée comme le corps des loix ou principes,
dans lesquels la seconde est assu-
jettie à puiser toutes ses régles.

Cette prééminence en faveur
de la Géométrie spéculative a été
adoptée par les plus célébres Géométres, en sorte que, quiconque
ne parle pas Algébre, ne parle pas
le langage des Sçavans.

Delà ce grand nombre de Livres de Géométrie algébrique,
remplis de démonstrations sur des
figures qui ne produisent que peu
d'utilité, pendant que les plus fa-
meuses & importantes questions

reſtent enſévelies dans les téné-
bres par la prévention de tous les
Auteurs en faveur de l'Algébre.

Il eſt étonnant que tant d'habiles gens ſe ſoient laiſſés ſéduire
par pluſieurs principes algébriques,
au point de n'avoir pas voulu s'appercevoir des exceptions qu'il y a,
à faire ; ce n'eſt certainement pas
faute de lumieres, mais c'eſt qu'ils
ſe ſont laiſſés entraîner aux préjugés de l'éducation.

Quelle plus forte démonſtration
de ce que j'avance que les travaux
infructueux de tant de perſonnes
très-capables ſur la Quadrature du
Cercle, &c. Et le ſentiment de
preſque tous les Géométres, qui
aſſurent que cette découverte eſt
impoſſible ; puiſque, diſent-ils,
tant de Sçavans hommes y ont travaillé ſans ſuccès.

Tous ces obſtacles, regardés
comme invincibles; loin de me re-
buter, n'ont au contraire fait que

exciter ma curiosité , & résolu à quelque prix que ce fût de découvrir ce qui avoit toujours été regardé comme impossible, j'ai cru qu'avec l'avantage de n'avoir point été enseigné , & d'être par conséquent dégagé de toute prévention, j'étois en état de m'appercevoir des vices dont les Principes de Géométrie Algébrique sont susceptibles, & de dévoiler à force de soins & d'étude, ce qui a resté inconnu jusqu'à présent.

Peu à peu m'étant apperçu que ces principes généraux qui en imposent tant aux Sçavans, pouvoient très-bien s'entendre par le moyen des nombres, en les admettant avec le compas & les figures d'Algébre, (toutes ces parties réunies ensemble s'entr'aidant mutuellement) j'ai ainsi raisonné : deux & deux font quatre. Cette vérité numérique est simple, & si évidente qu'il est impossible de s'y refuser. J'ai trouvé la même facilité à comprendre que 2 étoit à 4, comme 4 étoit à 8, parce que tout d'un coup j'apperçois la vérité de la proportion. Car je suis pleinement convaincu que 2 est la moitié de 4, comme 4 est la moitié de 8, & que 4 est le double de 2, comme 8 est le double de 4. Dans cette façon de proposer, rien de supposé, rien de douteux : or il n'en est pas de même si je dis que *A* est à *B* comme *B* est à *C* ce qui s'écrit simplement ainsi en Géométrie *A. B :: B. c.* parce que j'ignore le fond de toute la proposition, il faut croire de ferme foi & s'imaginer des grandeurs en telles proportions sans les connoître : non, je veux travailler en connoissance de tout ce qui m'est proposé ; parce que si les Sçavans avec le secours de l'Algébre n'ont pû découvrir plusieurs secrets qu'ils ont regardé comme impossibles, parce qu'ils les ont ignorés jufqu'à préfent ; j'ai tout lieu de dire, que l'Algébre n'eſt pas la route qu'il faut tenir pour découvrir ces ſecrets ; au contraire, il faut l'abandonner entiérement, ne ſe ſervir de ſes figures que pour abreger les déſignations des figures & & des lignes, en rejettant abſolument ſes démonſtrations, & former ma Géométrie ſur un nouveau plan.

Je ne ſçais pourquoi les Auteurs de Géométrie Algébrique affirment ſi poſitivement que l'Algébre eſt un moyen plus court, plus intelligible & plus facile que les nombres pour faire des démonſtrations. J'en ai deux ſur un même ſujet, l'une numérique très-courte & qui s'entend de tout le monde, l'autre algébrique très-longue & qui ne peut s'entendre que par des Algébriſtes. Donc la numérique eſt préferable à tous égards, ou au

moins, si l'Algébre est plus court
en certains cas, & que les nombres en d'autres soient plus brefs,
il y a à conclure l'égalité entre les
deux moyens ; mais comme l'une
est plus à la portée de tout le monde que l'autre, que d'ailleurs quand
une démonstration algébrique est
faite, si on veut l'appliquer, il faut
en faire une autre numérique, je
dis que la spéculative n'est qu'em-
barras & inutilité. Donc le moyen
des nombres en Géométrie est préferable en tout au moyen algébrique.

Le compas & la régle vous tra-
cent des figures & des lignes, les-
quelles comparées avec d'autres,
font voir qu'elles différent en
grandeur : il en est même de
telles, qu'il suffit de les voir pour
connoître tout-à-coup leur différence. Tels font quatre quarrés
qui partagent également un qua-
ré, chacun des quatre en est visi-

blement le quart, cela n'a pas befoin de démonftration, & il feroit
puérile de s'y amufer, auffi bien
qu'à prouver que les côtés du
grand quarré font doubles de ceux
des quatre autres.

Pareillement fi j'ai décrit un
cercle, & qu'ouvrant enfuite le
compas de toute l'étenduë de fon
diamétre, fur l'une des extrémités
duquel, comme centre, j'en dé-
cris un autre, la vûë feule décide
avec l'entendement que le diamétre du plus grand cercle eft double
de l'autre, puifque fon diamétre eft
vifiblement une fois plus grand.
Voici donc des facultés dans
le compas qui font décifives par
elles-mêmes.

Si l'on veut adopter des lettres
pour diftinguer & nommer ces figures & les lignes qui les compofent, puis comparer la ligne dif-
tinguée par *AB* avec celle *DC*,
on dira que *AB* eft plus grand

que *AC*, ou plus petit, ou tout au plus double, ou moitié, ou enfin telle que le compas l'a décidé par lui-même. Voilà le fondement des principes de Géométrie algébrique ou spéculative. Or je dis que cela n'est point du tout satisfaisant, parce que j'ai toujours la même envie de sçavoir de combien est la différence de deux grandeurs comparées l'une avec l'autre.

Qu'on y donne des nombres, disent les Algébristes, c'est le métier d'un Arpenteur. A cela je réponds que l'Arpenteur est le véritable Géométre nécessaire ; mais sa pratique est fausse & imparfaite, parce que les Géométres spéculatifs n'ont encore pû pénétrer les secrets de la Géométrie ; & tous leur travaux, quoiqu'immenses, n'ont pû procurer que des approximations. Puisque la Géométrie spéculative n'est que pour servir

de flambeau à la pratique, qu'elle
nous éclaire donc tout d'un coup,
fans forcer un homme deftiné à
l'arpentage ou &c. à apprendre des
principes obfcurs pour en apprendre enfuite de clairs ; c'eft lui
faire perdre un tems confiderable,
& embroüiller l'efprit de perfon-
nes très-néceffaires par leurs fonc-
tions. Que les Géométres fe fer-
vent des moyens les plus courts
& nous donnent dès la premiere
fois la fomme des lignes & des fuperficies ; qu'ils ne défignent point
par *AB* le côté d'un quarré qui a
cinq toifes, parce que géométriquement ce côté eft égal à 5, qu'ils
difent donc que *AB* égale 5. Voilà une loi & une vérité géométriquement numérique qui fe rend
tout à coup fenfible fans fatigue
ni répugnance ; enfuite paffant aux
démonftrations, qu'ils obfervent
la même chofe, l'étudiant d'un
coup d'œil, apprend que *AB* eft

le côté du quarré proposé, dont
la mesure est 5 parties égales, &c.
Le reste de la démonstration n'est
plus qu'un jeu, il sçait ses principes à mesure qu'il les lit attenti-
vement, des termes barbares ne
fatiguent plus sa mémoire, il con-
çoit tout ce qu'il fait, & ce qu'il
étudie le satisfaisant & ne lui laif-
sant rien à désirer, il fait son cours
de Géométrie sans impatience,
au lieu que le seul nom d'Algébre
imprime le dégoût, tout sensible
qu'on prétend qu'il soit.

L'Algébre n'est propre qu'à la
désignation seulement, puisqu'il
ne nous peut faire connoître quelle
est la difference de deux longueurs,
& lorsque par une démonstration
algébrique on a prouvé qu'une ligne est moitié, ou tout au plus le
quart d'une autre, qu'est-ce que
l'on a démontré ? rien autre chose
que ce que le compas & la régle
nous ont appris au premier coup

d'œil, rien par conséquent de plus
inutile que la démonstration.

Deux lignes tombantes l'une
sur l'autre perpendiculairement,
font voir deux angles droits, cela
forme la matiere de plusieurs principes algébriques que l'on apprend
au premier aspect, &c.

Cette remarque m'a fait dis-
tinguer la Géométrie en trois dé-
nominations, dont voici les défi-
nitions.

1°. La Géométrie linéaire qui
est positivement la trace des figures & des lignes, en ce qu'elle parle
aux yeux décisivement.

2°. La Géométrie numérique
plus parfaite que la précédente,
en ce qu'elle parle plus facilement
& plus promptement aux yeux &
à l'esprit ; par exemple, un quarré
dessiné, partagé en quatre quarrés,
fait voir clairement des quarts de
superficie, des moitiés de côtés,
& des lignes doubles de ces moi-

riés, mais fans valeur, &c.

Que l'on propofe le nombre 16 qui eft quarré ; fans avoir befoin de régle ni de compas pour deffiner la figure, je vais partager numériquement le quarré de 16, & je ferai beaucoup d'opérations géométriques avec connoiffance des valeurs par les nombres feulement, n'eft-ce pas une preuve authentique que les nombres nous repréfentent des lignes & des fuperficies, & que l'on peut traiter diverfes propofitions géométriques par le feul moyen des nombres.

3°. La Géométrie parfaite, qui eft figurée & accompagnée pour la défignation des figures d'Algébre ou lettres alphabétiques, avec la valeur en nombres, comme nous venons de le dire.

Donc les nombres furpaffent feuls de beaucoup les facultés du compas, même accompagné de fignes algébriques ; car un quarré

coupé en quatre quarrés égaux
propofé algébriquement, les quatre
quarrés feront défignés chacun
par deux lettres, & l'Algébrifte
nous dira *AB* plus *CD* plus *EF*
plus *HI* égalent *OP*, c'eft-à-dire,
que les quatre quarrés inférieurs
font égaux au grand qui les contient tous. Or je dis que la vûë
feule m'auroit découvert cette propofition fans le fecours de l'Algébre : mais ce n'eft pas feulement
cela que je demande, je n'aime
pas les propofitions en l'air & qui
ne m'inftruifent de rien, je veux
d'abord qu'on me propofe un quarré dont la fomme foit connuë,
comme 4, dont le côté eft 2 ;
dès que l'on me propofe de le divifer en quatre quarrés égaux, je
répons qu'ils feront chacun de l'u-
nité. Les nombres ont donc cet
avantage fur l'Algébre joint au
compas, que fans leur fecours, fi
l'on me propofe 19600 pour une

superficie quarrée au lieu de quatre, j'extrais son côté 140, puis
prenant le quart, je trouve que les
quatre quarrés sont de 4900 chacun, & que leur côté est de 70.
Or quand je sçais cela, j'en sçais
plus que le Spéculatif; puisque si,
comme je l'ai déja observé, à la
Géométrie parfaite, on joint des
nombres à la figure, je sçais tout
d'un coup la Géométrie-pratique
& la spéculative qui n'en est plus
qu'un accessoire.

Que je demande aux Algébristes de couper un quarré en quatre
parties inégales, ils employeront
la réponse précédente aux quatre
égaux, & leur conclusion sera
aussi que ces quatre figures sont
égales au tout ou quarré, dont elles
font chacune une partie; preuve
évidente de la stérilité de l'Algébre & de la fertilité des nombres,
qui caractérisent si surement la
différence qu'il y a entre quatre

parties - égales qui compofent un
tout, & quatre parties inégales
qui compofent le même tout ; ce
qu'on ne peut faire par l'Algébre,
fans employer un amas de lettres
& de figures algébriques infuppor-
tables, & fi je leur demande la
fomme de chacune de ces fuperficies inégales, ils me répondront
que cela eft impoffible à réfoudre
jufte numériquement ; parce que
l'hypoténufe s'y oppofe, & que
fes droits font reconnus pour certains en Géométrie algébrique ou
fpéculative. Eft-il poffible que ce
qu'il y a de plus fpirituel dans le
monde, ces hommes auffi fçavans
que refpectables, refufent d'ou-
vrir les yeux fur les défauts de la
Géométrie algébrique, pendant
qu'ils conviennent tous, que ce
qu'il y a de plus beau dans cette
fcience eft la connoiffance intime
& parfaite des figures. M'efforce-
rai-je en vain de leur prouver que
les

les nombres font la partie la plus essentielle de la Géométrie, & qu'aidé des figures tracées & désignées simplement par des signes d'algébre, c'est l'unique moyen de parler vrai & raisonnablement en Géométrie.

Je demande s'il n'est pas plus parfait de remplir le désir de quelqu'un, que de le satisfaire à peu près, ou lui répondre, cela ne se peut pas. Par exemple : un Seigneur a un terrein quarré qu'il veut donner à quatre personnes, sçavoir moitié à la premiere, à la deuxiéme & troisiéme une portion égale, & à la quatriéme le surplus ou restant.

L'Arpenteur mesure exactement le terrein & trouve qu'il contient 99 toises à ses quatre côtés. Donc il contient 9801 toises quarrées.

Je dis que sur le pied qu'est la Géométrie, l'Arpenteur répondra que cela ne se peut faire juste ; le

plus fameux Géométre dira la même chose „ ou que cela se peut
donner géométriquement par l'Algébre, & que c'est à l'Arpenteur
à y ajoûter les nombres suivant
les régles & principes de Géométrie ; mais que les nombres ne
donneront pas précisément la valeur des superficies. Le Seigneur
donateur n'est pas plus satisfait,
parce qu'il veut sçavoir précisément combien chacun aura de toises quarrées.

J'ai proposé cette question à
plusieurs Géométres, les solutions
numériques font fort courtes, celle
qui est algébrique est fort longue
& donne la même conclusion. M^{rs}
les Géométres ont exposé que le
premier auroit 4900. plus une
fraction incertaine pour sa moitié;
les second & troisiéme 2030. plus
une fraction incertaine chacun,
& le quatriéme 841. plus une fraction incertaine. Quelles que soient

ces fractions, il est certain que la somme du produit de toutes ces superficies ou sommes, en multipliant leur côté l'un par l'autre, ou par leurs racines, surpassera celle de 9801. Donc ces solutions ne valent rien, quoique faites suivant la Géométrie usitée, & ne font que des aproximations.

D'ailleurs il est dit que ce font des toises quarrées que chacun doit avoir, & non des toises, plus des portions de toises.

Je dis donc suivant mes principes que le premier aura pour fa moitié . . . . . 4900 toises quarr.
le second . . . . 2030.
le troisiéme . . . 2030.
& le quatriéme . . 841.

9801 toises quarrées.

Mrs les Géométres vont tous s'écrier que 4900 ne fut jamais

la moitié de 9801, que cela est
absurde. Mais qu'ils sçachent que
le côté a 99 lorsque la diagonale
à 140, & ils conviendront que
j'ai raison, parce que convaincus
que cela est ainsi, il ne leur sera
pas difficile de faire cette opération géométriquement, & de reconnoître que rien n'est plus vrai
que 4900 est la moitié de 9801
géométriquement ; il est certain
que cette connoissance ne peut
être une production de l'Algébre,
& il est trop sourd pour cela. Car si
je demande à un Algébriste de
combien une ligne en surpasse une
autre (ce que le compas ne paroî-
tra pas décider) il me dira que la
ligne *AB* est évidemment plus
grande que la ligne *CD*. En vain
lui représenterai-je qu'un enfant
sçait cela comme lui, parce que
lorsqu'il voit une ligne de beaucoup plus longue que l'autre, il
montre sans aucune difficulté que

la ligne *AB* est plus grande que la ligne *CD*. Mais ils ne me diront ni l'un ni l'autre de combien le côté & demi surpasse la diagonale. Toute la ressource de l'Algébriste sera de soutenir que ces lignes sont incommensurables. Ce ton affirmatif ne provient que de la prévention où il est, qu'effectivement il y a des lignes incommensurables, entre autres la diagonale avec le côté. J'ai néanmoins démontré jusqu'au dernier degré d'évidence la fausseté de cette loi géométrique, émanée des élémens d'Euclide, & cruë de bonne foi par tous les Géométres qui l'ont suivi.

Ce n'est point sur les Algébristes que je rejette cette erreur géométrique, mais sur les préjugés. Nos Anciens n'ayant pû trouver les nombres propres à quarrer le cercle, ni ceux de la diagonale & du côté, ont cru qu'il étoit expé-

dient de les désigner par des lettres, & ensuite de calculer ces
lettres de la maniere qu'il convient, afin d'avoir au moins quelque connoiſſance, quoique muette
& sourde de difference entre des
grandeurs. Mais quelle eſt cette
connoiſſance ? Des lettres qui si-
gnifient une grandeur inconnuë.
Les Sçavans ont donné dans ce
leurre, parce qu'ils n'ont pas non
plus rencontré les nombres déſirés.
Delà cette eſpece de haine & de
mépris pour les nombres ; de-là
ces incommenſurabilités, ces im-
poſſibilités de pouvoir trouver ces
nombres tant recherchés, ces
moyennes proportionnelles géométriques impoſſibles à trouver
numériquement, ces fractions in-
connuës qui n'engendrent que des
aproximations, & cette négli-
gence de la connoiſſance des figures, & entr'autres des quarrés.
Par exemple un quarré déſigné al-

gébriquement, sera éternellement
connu & désigné par deux lettres.
Qu'y a-t-il dans cette désignation
de connoissance intime du quarré
& de sa formation, qu'a-t-on dit
en Géométrie de la construction
intime des quarrés ? On a distingué le quarré par quatre lignes
égales, & le quarré long par deux
lignes égales plus longues que les
deux autres aussi égales.

Je demande ici à M^rs les Algébristes de me laisser la liberté entiere de les venger de cette prétenduë science & de ses séductions.

Je dis que je reconnois six sortes de quarrés, sçavoir le quarré,
le quarré double, le quarré pair,
le quarré impair, le quarré long,
& le quarré aigu ou double du
quarré long, appellé lozange en
Géométrie.

Ces désignations sont Françoi-
ses, je l'avouë, elles seront enten-
duës de tous les François, c'est une

Verité : les Grecs, Arabes, Egyptiens, &c. s'ils en ont affaire, les nommeront comme il leur plaira; il y a affez long-tems que nous fommes forcés d'entendre & prononcer les leurs, après les avoir oubliées cent fois.

Il n'y a point de Géométre, tant le préjugé a de force fur nous, qui ne m'ait affuré de pouvoir faire un quarré égal au quarré long de 4 fur 3 toifes quarrées, & je foutiens que cela eft impoffible, parce que le nombre 12 n'eft pas quarré, &c.

Il eft certain qu'entre 4 & 3 il vient une proportionnelle géométrique, qui eft le côté d'un quarré trop petit, & j'affirme en connoiffance de caufe, que fi l'on veut avoir un quarré qui contienne les 12 toifes quarrées, il contiendra de plus un quarré d'une demi-toife au côté, faifant le quart du quarré d'une toife, autrement dit, trois pieds quarrés, avec cet avantage d'être

d'être connu, & que le quarré
trop petit algébrique est inconnu.

La véritable moyenne proportionnelle est donc $3\frac{1}{2}$ ou 7 ; ce
qui est conforme à la verité, la
moyenne proportionnelle géométrique est donc fausse.

Or cette opération peut être
faite par tout Géométre, qui me
rendra justice après l'avoir faite,
& se rangera de mon côté.

Ceci n'est pas plus supposé que
le rapport en nombre plein, que
je viens de donner de la diagonale
au côté.

Où en est donc cette régle gé-
nérale si vantée de l'hypoténuse,
mais cet article seroit d'une trop
longue discussion ; c'est pourquoi
je n'en dirai pas davantage.

Il en est de même de la moyenne
proportionnelle géométrique, autrement dit, sourde.

Un jour un Géométre m'écrivit
à l'occasion d'un différend géomé-

C

trique, qu'il croyoit que l'on avoit dit tout ce qu'il y avoit à dire sur les figures, & que tant d'habiles gens y avoient travaillé, que cette matiére étoit épuisée. J'eus dès-lors la témérité, quoique je n'eusse pas tant d'expérience qu'à présent, de lui répondre que je croyois la Géométrie encore dans son enfance, & qu'elle y resteroit tant qu'elle ne sortiroit point de son berceau algébrique. Mon Lecteur jugera que ma réponse étoit une vérité prophétique, quand il sçaura que quelque tems après j'ai produit à M^{rs} de l'Académie des Sciences de Paris cinq Démonstrations des plus extraordinaires.

La quatriéme fait voir comment les diagonales du quarré de 9801, dont le côté est de 99 resserrant deux de ses angles du centre, & rendant les deux autres obtus, deviennent les diagonales d'un quarré long de 100 sur 98, dont

la somme est 9800. Conséquemment voilà une unité sortie abso-
lument, & cela paroîtroit se con-
tredire sur le raisonnement algébrique qui suit, que les deux diagonales ne changeant rien à leur
longueur, & ne faisant que se ra-
procher autant par les deux angles au centre qui se rétrécissent,
qu'elles s'écartent aux deux autres
qu'elles rendent obtus, il devroit
s'ensuivre qu'elles embrassent un
espace égal dans les deux figures,
& que par ce jeu des deux diagonales, il semble que l'unité ne peut
pas s'évanouïr, néanmoins le contraire arrive; en sorte que ces deux
diagonales se remettant à angles
droits, elles deviennent celles du
quarré de 9801, sans qu'il y ait
de changement à leur grandeur
particuliere dans l'une ni dans l'autre figure.

Tout Géométre peut faire l'é-
preuve de cette opération, & fon-

dé sur l'expérience précédente, il reconnoîtra qu'il est impossible de faire un quarré du quarré long de 100 sur 98. Si le quarré n'est celui de 9801, par les raisons de la précédente, & parce que les diagonales ne seront jamais revenuës à angles droits, que lorsqu'elles seront les diagonales du quarré de 9801. Donc l'unité quarrée sort & rentre par le jeu des diagonales, nonobstant qu'il soit vrai que leurs angles au centre s'élargissent d'un côté, d'autant qu'ils s'y rétrécissent de l'autre.

La cinquiéme est relative à la précédente, car elle prouve que ce qui paroît impossible, est néanmoins très-possible.

J'y représente deux quarrés géométriquement égaux, dont les côtés sont les diagonales du quarré de 25, conséquemment & indubitablement chacun de ces deux quarrés est de 50. Or ces quarrés ont chacun pour diagonales deux fois le côté du quarré de 25 , dont le côté est 5. Donc leur diagonale vaut dix, ce qui est bien évident, puisque si je multiplie la diagonale entiere 10 par sa moitié 5, le produit est 50, valeur du quarré double de 25. Par la même raison & en agissant de même , si je multiplie la diagonale 10 par 14 , elle vaudra 140. Laquelle somme multipliée par sa moitié 70 , donne ce quarré double pour 9800 de superficie. Donc il ne paroît pas possible que ce quarré soit capable de contenir davantage ; néanmoins il arrive le contraire , puisque sans toucher aucunement à ses côtés ni à ses diagonales, mais seulement à sa construction intérieure , il est certain qu'il peut contenir 9801. En sorte que l'unité disparoît totalement dans l'un par sa formation, & reparoît essentiellement & effectivement dans l'autre. Donc j'ai eu raison de dire ci-devant, que 4900 est la moitié géométrique de 9801.

Ces phénomenes géométriques, fruits que j'ai recueillis d'un travail opiniâtre, souvent aux dépens de mon repos, étant journellement occupé, méritent, ce me semble, quelque indulgence de la part de M^{rs} les Algébristes pour tout ce que je dis contre l'Algébre, & comme ces Messieurs, ne peuvent encore goûter ma maniere de démontrer ; ceux que je consulterois, me diroient sans doute qu'on ne parle point ainsi en Géométrie, que ce que j'avance est contraire aux principes reconnus, & à la façon de les traiter, qu'ils ne me conseillent pas de mettre mes pensées au jour, qu'elles ne seront pas reçuës, que, quoique je dise la verité, l'on ne me croira pas au préjudice de ce qui est établi. Il m'est donc impossible de

donner au public un Ouvrage con-
certé avec des amis sçavans ; ainsi
mes Lecteurs seront mes premiers
juges : & comme en composant
cet Ouvrage, je n'ai eu qu'un désir sincere de contribuer à leur utilité, je le soumets volontiers à leur
critique ; je recevrai avec plaisir
leurs remarques par la voye du
Mercure, & j'y répondrai.

Si Mr Descartes avoit cru les
Philosophes de son tems, la Phi-
sique seroit encore dans son enfance, & si j'en croyois les Géométres du mien, la Géométrie resteroit long-tems dans la sienne.
Qu'ils ne me sçachent donc pas
mauvais gré, si je ne suis pas les
principes d'Euclide, & si à l'imi-
tation du premier, je m'éloigne autant de ce grand Géométre & de
l'Algébre, que M. Descartes s'est
écarté des principes d'Aristote.

M^{rs} les Ingénieurs, Arpenteurs,
& généralement tous ceux qui

ont besoin des connoiffances que
je donne ici, reconnoîtront la
grande utilité de mes principes &
leur juftelle.

Cette Differtation eft une petite partie de mes réfléxions & obfervations fur les principes de Géométrie, que j'ai cherché à rendre
clairs autant qu'il m'a été poffible;
ayant d'ailleurs fort peu d'étude.
C'en eft affez pour être excufa-
ble de ma façon d'écrire fimple &
naturelle, & des fautes que je puis
avoir faites.

Je puis efpérer un fuccès d'autant plus certain, que le premier
Arpenteur à qui j'ai communiqué
mes nombres, ou raport du diamétre à la circonférence; en a été
fi fatisfait, qu'il s'en fert préfé-
rablement à tous autres.

Les Phénomenes dont je viens
de parler ne font pas les feuls que
j'ai découverts, il y en a bien d'autres; mais il n'eft pas encore tems

d'en parler. Je dirai seulement
ici, que la diagonale une fois re-
connuë pour être commensurable
avec le côté, le chapitre tout entier des incommensurables, n'est
que vanité & illusion; conséquemment il est faux que ces deux lignes soient composées d'un nombre infini de points : mais qu'au
contraire elles sont composées d'un
nombre positif & fini d'unités.

Que l'unité n'est point connuë,
car la diagonale & le côté étant
commensurables, elles ne sont divisibles qu'en autant de parties, qu'elles contiennent d'unités, & chacune de ces unités est conséquemment indivisible ; de sorte que
l'une de ces parties ou unités est
une chose qui approche le plus
près de ce qu'on appelle rien, autrement dit, l'absence de toutes
choses ; cette unité est donc un
être indivisible, un principe.

Que ce principe n'est pas le

principe unique de toutes les grandeurs, de tous les amas, que nous appellons corps, de toutes les longueurs. Dieu ne s'est pas borné à une seule sorte d'unité, la construction intime du quarré nous en démontre de plusieurs sortes; contemplons un moment & faisons l'analise du quarré simple : si je le divise en quatre quarrés égaux, & que je marque ses deux diagonales qui se coupent à angles droits, j'apperçois d'abord quatre angles droits aux quatre coins, & quatre angles droits au centre, ensuite tous ces huit angles coupés en demi droits par le moyen des diagonales, je dis :

1°. Ce quarré peut se diviser en deux triangles égaux, qui ont pour base la diagonale, pour jambes deux des côtés du quarré, & pour hauteur la demi-diagonale.

2°. Il peut se diviser aussi en quatre triangles égaux, qui ont

pour bafe le côté ; pour jambes
deux demies diagonales , & pour
hauteur la moitié du côté. Voilà
toute la division qu'on peut faire
de ce quarré. Car chacun des quatre quarrés qui fe diviferoient, eft
en tout femblable au quarré total ,
& l'on ne peut en le divifant ,
que recommencer la même divifion ; donc l'idée de cette divifion eft frivole ; d'où il fuit , que
le quarré de l'unité principe ne
peut être divifé en quatre quarrés , mais bien en quatre triangles ,
qui font des furfaces au plus prèsde
rien, conféquemment indivifibles.

Or ces quatre triangles font bor-
nés de lignes , donc ces lignes font
les unités principes des longueurs ;
il n'y en a que de deux fortes , les
côtés & les demies diagonales.
Nous fommes donc forcés de reconnoître dans le quarré fimple ou
de l'unité, deux fortes de principes
des longueurs , & une forte de fu-

perficie indivisible ou unité principe des surfaces quarrées. *

Il y a de plus à considerer les
hauteurs des deux especes de triangles, la demie diagonale est la
hauteur dans les deux triangles
qui partagent le quarré, le demi
côté est la hauteur dans les quatre.
Il semble que cette moitié se pré-
sentant, on pourroit dire que le
côté pourroit se partager en deux
moitiés; néanmoins cela n'est pas
possible, parce que cette hauteur
est l'accident nécessaire à l'exis-
tence du triangle.

La seule figure quarrée engendre donc trois sortes d'unités principes, ou plutôt ces trois unités servent à la composition du quarré. *

On peut donc désigner ces trois
sortes d'unités par ces mots dis-
tinctifs, unité côté, unité diagonale & unité plane.

Il faut remarquer que l'unité

---

* *Nota.* Il faut figurer ce partage de quarré
pour le mieux concevoir eu lisant.

diagonale eft double, étant compofée de deux demies diagonales;
la raifon de cette duplicité dans
cette forte d'unité eft, que la diagonale compofe le côté du quarré
double, ou de deux.

La diagonale eft à l'égard du
côté ce que la lettre alphabétique
double eft à la fimple ; car la lettre double fe partage en deux fim-
ples, & la fimple eft indivifible.

La lettre double peut être défignée par une figure fimple, au lieu
d'être défignée par deux lettres
femblables unies à côté l'une de
l'autre fuivant l'ufage.

Il refte à dire que l'unité demie
diagonale eft la plus petite unité
linéaire de celles que nous venons
de reconnoître dans le quarré ; elle
eft le côté des quatre quarrés qui
compofent le quarré double ou de
deux, qui n'eft divifible qu'en huit
triangles, dont les bafes font l'unité côté du quarré fimple, ou de

l'unité primitive, ainsi dite, parce que les demi-côtés apparens n'en font que les accessoires indubitables, celle-là n'ayant pû être créée sans celle-ci & au même instant.

Ce quarré de deux, peut être dit aussi de quatre, puisque son côté contient deux unités demi-diagonales: cela est très-nécessaire à observer pour connoître les différences & la nature des unités, la formation des quarrés, leur valeur & celle des lignes dont ils sont composés.

Je ne suis pas étonné que M^{rs} les Algébristes ne m'entendent point en Géométrie, quoique je parle très-intelligiblement; c'est parce que l'Algébre ne traite que des figures en général, sans sçavoir leur valeur, & sans les connoître aucunement.

Il me semble que Dieu paroît aussi puissant dans la création de triangles indivisibles, dont les cô-

ces inégaux sont deux principes de
longueurs, que dans la divisibilité
à l'infini d'existences au plus près
de rien.

Or comme il est raisonnable de
dire, que ce qui est au plus près
de rien, est indivisible, il ne peut
l'être d'y admettre une division infinie.

Il y a plus, il est certain que les
ouvrages de Dieu sont parfaits; or
s'ils sont parfaits, il n'y manque
aucune partie essentielle, toutes les parties qui doivent composer l'ouvrage, sont donc assemblées
pour le pouvoir former entierement, & il seroit imparfait s'il y
manquoit une seule de ces parties.
Donc il est évident que ces parties
composant ce tout, sont en nombre, ce nombre est entier & fixe;
or ce corps, cet être, cet assemblage d'un grand nombre de parties égales ou différentes, étant en
nombre plein, la divisibilité à l'in-

fini s'évanoüit, & les démonstrations de l'infini sont frivoles &
abusives, appuyées seulement sur
l'idée d'un partage, qu'on croit
faisable, parce qu'on l'imagine tel.
De plus il ne paroît nullement nécessaire que cette divisibilité à
l'infini subsiste dans l'univers ; elle
n'augmente rien à la majestueuse
idée que nous avons de la Divini-
té, dont la grandeur se manifeste
bien davantage dans la création
des unités indivisibles de plusieurs
grandeurs & formes différentes.

N'est-il pas ridicule de lire dans
tous les écrits des Sçavans, que
Dieu s'est servi des moyens les plus
courts & les plus simples pour opé-
rer les plus grandes merveilles,
tandis qu'ils soutiennent par des
démonstrations purement idéales
la divisibilité à l'infini.

Cette seule contradiction ne détruit - elle pas tout ce qu'ils pour-
roient avancer en faveur de cet
infini ?   Avons-

Avons-nous, par exemple, plus
de 24 lettres pour écrire tous les
mots de toutes les langues de l'univers ? Y a-t-il un homme affez
hardi pour ofer dire qu'il donnera
le nombre de toutes les combinaifons differentes de mots, de
fyllabes, &c. qui peuvent fortir de
ces 24 lettres ? L'imagination en
eft fi frapée d'étonnement, qu'elle
nous fait employer communé-
ment ce terme trop ufité d'infini
pour marquer l'idée de l'immenfité
du nombre de ces combinaifons.

Un difcours long & entier peut
être comparé à un corps matériel
qui lui feroit proportionné ; c'eft-
à-dire, compofé d'un auffi grand
nombre de parties effentielles & indivifibles, que ce difcours con-
tiendroit de lettres. Qu'arriveroit-
il fi l'on divifoit ce difcours par la
penfée ainfi qu'il eft poffible de le
faire effectivement ? Que le fruit
de la premiere divifion feroit la

D

séparation de tous les mots dont il
est composé, lesquels peuvent être
comparés aux corpuscules, qui sont
de petits assemblages d'unités principes, & l'effet de la seconde division seroit la séparation de toutes les lettres qui composent les
mots. Or ces lettres comparées
aux parties ou unités principes,
sont de 24 sortes; ce sont donc
24 sortes d'unités indivisibles, ser-
vant à la construction du discours,
comme les triangles servent à la
construction des figures géométriques.

Seroit-il possible à un homme de
diviser, soit par l'effet, soit par la
pensée un *a* à l'infini, ou en deux
moitiés? Pourquoi donc veut-on
que les triangles ne soient pas indivisibles ainsi que les lettres de
l'alphabet & les lignes qui les composent? Pour moi je conclus leur
indivisibilité, parce que la raison,
la verité, & la gloire du Créateur
l'exigent.

Les nombres ont cette proprie-
té, qu'ils nous repréſentent l'uni-
té principe de toute eſpece par |.
Cette unité eſt donc indiviſible
comme la choſe qu'elle repreſente.
Un nous repréſente auſſi l'unité
compoſée ou aſſemblage de parties
quelconques, comme *un* meſure
ou un poids, une livre, un cent,
une toiſe, un pouce, une ligne.
Telles unités ſont diviſibles à la
portée de nos facultés & de nos
lumieres.

Il réſulte de la connoiſſance des
unités indiviſibles, que la matiere
n'eſt point une dans ſes principes,
mais au contraire que le Créateur
a ordonné la forme de ſes principes en pluſieurs façons d'être, afin
de multiplier les differentes figures des corps & de leurs ſuperficies.

Que la diviſion des ſurfaces &
des corps ne peut être pouſſée géométriquement, ni de quelque fa-

çon que ce puiffe être, que jufqu'au triangle ; ainfi que la divifion du difcours ne peut aller plus
loin qu'aux lettres, & qu'enfin les
differens triangles font les différentes unités principes des corps
& fuperficies, comme les lettres
font les différentes unités principes du difcours, &c.

Je crois avoir fuffifamment démontré l'inutilité de l'Algébre, &
à peu près combien il eft nuifi-
ble à la Géométrie par le trouble
qu'il répand dans les plus intéref-
fantes queftions de cette fcience ;
mais je croirois manquer à ce que
je dois au Public, fi j'en reftois là.

Je dirai donc que l'indivifibilité
de l'unité principe étant conftatée,
& la commenfurabilité de la diagonale au côté étant établie, ce
qui eft ftatué de la figure circulaire
en Géométrie eft abfurde.

Par exemple, il eft dit que le
cercle eft un poligone régulier

d'une infinité de côtés ; or l'infini ne pouvant avoir lieu dans cette figure, non plus que dans les autres, ce terme fuppofant même une chofe imparfaite en ce qu'elle feroit abfolument indéterminée & comme un effet du hazard, & ce que le Créateur a fait étant parfait, & non point conftruit d'une maniere indéterminée, & à peu près, c'est infulter à fa puiffance, que de définir ainfi le cercle.

Le cercle eft donc un poligone régulier d'un nombre fini de côtés ; & comme pour mefurer fa fuperficie, nous avons befoin de fçavoir le rapport de fon diamétre à fa circonférence, je dis que ce rapport eft en nombre plein de 8 à 25, à la moindre réduction, & au vrai de 112 à 350, nombres que j'ai donnés à l'Académie des Sciences, qui n'a pas cru devoir m'approuver, parce que (difent les fçavans Géométres de cette illuftre Compagnie) il a été démontré que ce rapport est impossible à trouver.

Je ne crois pas devoir être obligé d'ajoûter aucune foi à ces démonstrations, d'autant que les principes sur lesquels elles ont été faites, sont évidemment susceptibles de fausseté.

La diagonale de 140 multipliée par sa moitié 70, produit ce quarré de 9800, qui est le même, ainsi que je l'ai dit, que celui de 50. Le cercle de 25 multiplié par la moitié de son rayon 2, produit 50; (& le cercle de 350 n'étant qu'une même chose que celui de 25) étant multiplié par 28, moitié de son rayon, le produit est aussi 9800. Et comme j'ai démontré que le quarré de 9800 est le même que celui de 9801, il suit sans difficulté que la superficie du cercle de 350 de circonference est égale à celle du quarré qui a 99 au côté. Cette superficie circulaire peut être comparée avec un triangle, &c.

De ce que le cercle eſt un poligone régulier d'un nombre fini de côtés, il ſuit ː

1°. Qu'une ligne touche le cercle dans tous les points qui compoſent l'un des côtés de ce poligone, contre la régle abuſive qu'un cercle ne peut être touché qu'en un point.

2°. Que deux lignes ne le peuvent toucher ſur le même côté, ſans être les mêmes.

3°. Qu'un autre cercle peut le toucher, ou comme une ligne tengeante par une face toute entiere; ou par un point s'il le touche par les extrémités de deux de ces côtés au point de leur jonction, &c.

4°. Qu'il n'y a point de ligne courbe ni parabolique au ſens reçu en Géométrie, &c.

Les nombres que je produis ſont faciles à vérifier & calculer par la

modicité de leurs sommes. Ils ne
sont point effrayans comme ceux
de M. Baſſelin, Profeſſeur de Mathematiques à Paris, ni comme
ceux de M. Seguin Avocat à Rennes ; mais je puis dire à la loüange
de ce dernier, que du moins il a
rencontré le véritable rapport d'un
diamétre avec ſa circonférence,
qui, ſelon lui, eſt de 200 à 625 ;
ce qui eſt la même choſe que 8 à
25, en diviſant 200 & 625 par 25.
Mais il ne ſe ſoutient pas dans ſa
découverte, parce qu'il ne poſſede
pas ſa matiere ; puiſque dans ſon
Siſtême imprimé à Rennes, il croit
comme article de foi l'incommen-
ſurabilité de la diagonale au côté,
& les autres principes de Géométrie. Or pour pouvoir ſe vanter
d'avoir trouvé la Quadrature du
Cercle, il faut être en état de ré-
former les abus géométriques, ce
qui exige une Géométrie nouvelle,
telle que j'en viens de donner le
plan ;

plan ; & je ne dis pas, que fi j'ai
quelque vuide de tems, je ne mette
la main à l'œuvre, dans la vûë de
rendre cette fcience plus utile &
plus aifée à apprendre,

Je ne fuis pas le premier qui
ait ofé tenter pareille chofe, mais
je fuis le premier qui ait fecoüé
entierement le joug ténébreux de
l'Algébre & de la Géométrie
fourde.

M^rs les Géométres fentent bien
qu'il y a des défauts dans la Géométrie, mais le préjugé & le point
d'honeur algébrique les retiennent
prefque tous en faveur d'Euclide.

Je fuis fâché pour ce fameux
Auteur qu'on life dans le Mercure
de Décembre 1739 *page* 2788,
qu'un Auteur inconnu expofe le
ridicule des Elémens Géométriques, en faifant remarquer la fé-
chereffe des démonftrations, la
longue fuite de termes inconnus,
& le défaut d'application à la pra-

tique de chaque principe démontré, les dégoûts qui en réfultent,
&c.

Je foupçonne que cet Auteur
inconnu pourroit bien être M.
Ereard du Caftel, Auteur des Elémens d'Euclide réduits à l'effen-
tiel pour appliquer la théorie à la
pratique, annoncés dans le Mercure du mois de Mai 1740.

Ce Livre le plus raifonnable de
tous les Livres de Géométrie que
j'aye lû, nous fait fentir que fon
Auteur eft gêné, & traite, comme
malgré lui, la Géométrie fur les
principes d'Euclide.

Qu'on examine fa Propofition
15ᵉ du 6ᵉ Livre, on verra que fa
ligne de hauteur du dedans de fon
triangle, dont les trois côtés font
15, 8 & 13, eft la même que la
moyenne proportionnelle géométrique, entre 8 & 6, qui font les
deux côtés du quarré long, con-
tenant 48 toifes quarrées de fur-

face ; or je dis que cette ligne de
hauteur qui a un peu moins de 7,
est le côté d'un quarré qui est trop
petit pour contenir lesdites 48 toises quarrées de superficie, ce que
l'on peut vérifier. Donc les principes d'Euclide sont faux.

Il semble que M. du Castel,
crainte de choquer M.rs les Algébristes, n'ait osé parler de la Quadrature du Cercle, il a passé sur
cet article, comme s'il sautoit un
fossé.

Je suis sûr qu'aucun homme
n'a appris la Géométrie sans être
impatient de voir & de tâter la
fameuse question de la Quadrature
du Cercle, ce qui a engendré des
fourmiliéres de quadratures qui
ont accablé les Académies, & c'est
apparemment ce qui a fait prendre à celle de Paris la résolution
d'en statuer sur quelques démonstrations l'impossibilité, afin de s'é-
pargner tant d'examens. Néan-

moins d'habiles gens l'ont trouvée de differentes façons: les uns d'une maniere louche; d'autres d'une façon fi embroüillée, qu'ils n'ont point été examinés en vertu de la réfolution prife, ou ils ont été condamnés par l'oppofition de quelques principes algébriques.

Un Ingénieur du Roy fous Loüis XIV. a publié fa Quadrature, qu'il a démontrée très - imparfaitement par l'Algébre, &c. & il a conclu, que quelque chofe que l'on pût dire au contraire; la verité étoit que le raport du diamétre à la diagonale relative étoit comme de 8 à 10.

Un bon Auteur, dont la Géométrie eft imprimée à Strafbourg, convient de la même chofe, fans l'avoir démontré.

M. Seguin, Avocat à Rennes, donne la même mefure par fa Quadrature, qui eft la meilleure que j'aye vû.

M. Liger, Prêtre de S. Gervais, a fait une Quadrature, mais il est aussi imbu des principes d'Eucli- de, c'est-à-dire, de l'Algébre. Toutes ces découvertes n'ont pû entraîner la persuasion des Sçavans, parce que plusieurs principes & dé- monstrations s'y opposoient, mais ici ce n'est pas une seule démons- tration qui fait la preuve de ma Quadrature, c'est une nouvelle Géométrie toute entiere, fondée sur de nouveaux principes & sur des élémens inconnus.

Je ne serai pas en certains cas si bref que l'Algébre, mais je serai beaucoup plus clair ; car, par exem- ple, au lieu que les Algébristes di- sent, que de deux lignes géomé- triquement égales, désignées l'une par AB & l'autre par CD, AB égale CD ; parce qu'elles sont rayons du même cercle, je dirai que AB égal à 99, est égal à CD égal à 99, étant les deux côtés

d'un même quarré. Cette derniere
façon me paroît beaucoup plus sa-
tisfaisante que la premiere, & la
verité s'y fait sentir en tout point;
d'ailleurs cette Géométrie ne renferme rien que de vrai, & les con-
séquences qui en résultent, sont
les connoissances de tous les secrets & les replis les plus cachés
de la Géométrie, ce qui la rend
sans contredit préferable à l'Algébrique.

CONCLUSION.

Il résulte de ce qui est contenu
en cette Dissertation :

Que les Elémens d'Euclide &
de ses Imitateurs sont bons & uti-
les à certains égards, mais qu'ils
sont faux en d'autres parties, &
nuisibles aux découvertes du fond
de la Géométrie.

Que ces Elémens traitent trop
en général des figures, conséquemment que l'on ne peut par leur

moyen parvenir à les connoître parfaitement.

Que le mépris des nombres, & la préference donnée aux calculs d'algébre a fermé le passage pour arriver à la connoissance intime des figures, ce qui a principalement empêché les plus grands Géométres de faire les découvertes que j'ai faites par des opérations numériquement géométriques.

Que la divisibilité à l'infini étant fondée sur l'incommensurabilité, prétenduë prouvée par Euclide, est chimérique, abusive, & idéale.

Que les régles de l'extraction des racines quarrées sont fausses en partie, & ne sont bonnes que pour extraire les racines pleines.

Que la plûpart des principes d'Euclide sont susceptibles de fausseté & d'interprétation.

Qu'il faut traiter de toute nécessité la Géométrie numériquement, parce qu'il est certain que

les nombres nous repréfentent très-
vivement & naturellement les figures Géométriques.

Que dès qu'il eft vrai, que trois
multiplié par lui-même nous pré-
fente à l'efprit le quarré de 9 de
fuperficie également comme la figure géométrique le reprefente-
roit en neuf quarrés égaux & com-
pofans celui de 9 ; il eft évident
que tout ce qui eft démontré numériquement , eft conftamment
démontré géométriquement , &
d'une maniere non-feulement é-
quivalante à celle d'Euclide, mais
plus évidente , étant en même
tems l'application & la démonftration , conféquemment préféra-
ble à tous égards.

Que la cinquiéme démonftration que Mrs de l'Académie des
Sciences de Paris ont de moi, mé-
rite toute leur attention , elle eft
fi claire , qu'on ne peut la voir fans
la comprendre , même quand on

ne feroit pas Géométre ; puifqu'il
ne faut que des yeux pour être
convaincu, que le quarré de 9800
eft capable de contenir 9801.

Ce miracle qui conduit à la connoiffance de toutes mes découvertes & de tous les fecrets de la Géométrie, devoit, ce me femble,
engager ces M^{rs} à me nommer des
Commiffaires pour examiner de
près ce phénoméne de la nature
des quarrés. J'aurois levé les obf-
tacles à mefure qu'ils m'auroient
été faits, j'aurois eu la fatisfaction,
aidé par leurs fçavantes & contra-
dictoires obfervations, de confta-
ter chaque fait comme une nouvelle loi, & ils auroient eu celle
de contribuer à les faire voir dans
leur plus beau jour, ce qui eft une
des plus nobles partie de leur fonc-
tion. Je ne fçaurois trop leur re-
prefenter le tort que fait leur fi-
lence à cet égard, au Public en général, & à moi en particulier.

J'ai fait faire en grand un desfein de cette démonſtration, que je ferai voir volontiers aux Curieux.

Que c'eſt par l'impoſſibilité apparente , mais fauſſe , de trouver la Quadrature du Cercle par les principes d'Euclide, qu'elle a été déclarée impoſſible à trouver ; mais que c'eſt à ma découverte du raport de la diagonale au côté en nombre plein, que l'on eſt redevable de celle de la Quadrature , ou réforme des principes de Géométrie.

Que par conféquent un Géométre, prévenu de la prétenduë certitude des principes d'Euclide , n'eût jamais pû faire cette découverte , & les eût toujours confiderés comme impoſſibles.

Que rien ne paroît plus digne de curioſité pour des Sçavans que d'éclaircir & approfondir la vérité de ces phénoménes ; puiſque la précision dans les Mathématiques fut , & sera toujours le plus cher objet des Mathematiciens.

Enfin pour tâcher de tirer M^{rs} de l'Académie de leur indifférence à ce sujet , j'avance que j'ai tout prêt à montrer un phénomene plus extraordinaire que celui de ma cinquiéme démonstration de 9800 égal à 9801. Car dans le quarré de 72 dont les quarrés sont , par exemple , d'un pouce quarré , afin d'avoir un objet si sensible , qu'on ne puisse se refuser à la plus grande évidence ; j'y trouve la place d'un quarré de six lignes au côté , faisant le quart de la superficie du quarré d'un pouce au côté.

Cette impossibilité apparente est beaucoup plus extraordinaire que la précédente sur le quarré de 9800 ; puisque par son moyen , sur un terrain quarré de 288 arpens, j'en pourrois prendre un , & rendre la même quantité au Propriétaire, ce qui eſt la même choſe que de dire que le quarré de 288 peut contenir 289, en changeant ſa conſtruction interieure par deux differentes façons de le meſurer.

Que M^rs les Géométres ne ſe récrient point ſur l'impoſſibilité de ce que j'avance; parce que je leur ferai voir qu'un quarré beaucoup plus grand peut entrer & ſortit d'un autre de la même maniere que je viens de le dire.

La duplication du cube eſt encore un article titré d'impoſſibilité en Géométrie, néanmoins c'eſt une ſuite néceſſaire de mes principes. Si M^rs de l'Académie avoient voulu faire attention à ma cinquiéme Démonſtration, à la derniere que je leur ai fait communiquer, & me queſtionner ſur le tout, principalement ſur la nature des quarrés, & ſur la difference des unités qui diviſent leur ſuperficie & leurs cotés, ils auroient reconnu, com-

me moi que cette duplication est
une question très-facile à resoudre
en abandonnant les principes d'Euclide, & sa maniere de démontrer.

J'Ai fait cette Dissertation,
dans le dessein de la rendre publique, & je n'y ai inseré aucunes
figures, tant pour la rendre plus
aisée à imprimer, que pour les
joindre à mes Elémens de Mathematiques, mais l'ayant communi-
quée à plusieurs personnes, entr'autres à un sçavant & respecta-
ble Académicien, il m'a conseil-
lé d'y joindre des preuves, je me
rends volontiers à son avis & à sa
curiosité; n'ayant rien plus à cœur
que de lui marquer ma déference
à la sagacité de ses conseils, & ma
reconnoissance de ses bontés.

Telle fut l'idée que je m'étois
formée en voulant faire imprimer
ma Dissertation sans l'accompa-
gner de figures.

Je sçai que les nouveautés sont contestées par les personnes prévenuës des principes établis, & mon dessein étoit de voir les oppositions que l'on m'auroit faites, avant de mettre au jour mes principes, dans la pensée de les reserver pour servir de réponse à ces objections. Or dans cette circonstance il n'est plus question d'attendre la controverse, il s'agit d'épargner à mes Lecteurs la peine d'écrire contre ma Dissertation, en les convaincant des verités qu'elle renferme ; ainsi elle doit être considerée comme un préliminaire ou annonce de mes principes ; conséquemment sans perdre de tems, précieux à mon âge, je les expose sans differer au jugement de M^{rs} de l'Académie des Sciences de Paris, & du Public.

ELEMENS
DES
MATHEMATIQUES.

ON a donné le nom de Ma-
tématiques aux Sciences des
proprietés de l'étenduë quelconque.

L'étenduë se divise en trois sortes de dimentions.

Ces dimentions sont, la longueur, la largeur & la profondeur. La longueur & la largeur
sont des grandeurs qui ont leurs
principes ou commencemens.

Chaque principe ou commencement de grandeur, est la grandeur
créée ou grandeur primitive.

Donc la grandeur primitive ne
peut être diminuée, puisque cette

grandeur fouftraite, il réfulte le néant ou l'abfence de toute chofe ; mais ces grandeurs ajoûtées compofant autant d'unités affemblées, dont la jonction eft une totalité de grandeurs femblables ; donc la grandeur primitive ne peut être diminuée, mais elle peut être augmentée.

La profondeur fuppofe abfolument l'épaiffeur ; or l'épaiffeur primitive ou le principe de l'épaiffeur, eft l'épaiffeur créée. Donc l'épaiffeur primitive ne peut être diminuée, puifque cette épaiffeur fouftraite, il réfulte le néant.

Donc la premiere chofe fubfiftante au plus près du néant, eft le plus petit corps ou la chofe créée ; donc ce corps ne peut être divifé. Or ce plus petit corps indivifible ne peut avoir été créé, ni fubfifter fans être pourvu de longueur, largeur & profondeur ; car il eft évident que l'épaiffeur fuppofe abfolument

lument

lument des superficies, & les superficies des côtés.

La longueur & la largeur sont les deux grandeurs par le moyen desquelles on peut connoître l'étenduë des superficies des corps, & la profondeur sert à connoître la masse de leur épaisseur ou solidité.

Donc la création des corps primitifs a engendré tout à-la fois la longueur, la largeur, la profondeur & l'épaisseur, les superficies & leurs côtés n'étant que les accessoires indubitables d'un corps quelconque.

En général notre vûë est capable de décider qu'une chose surpasse une autre en grandeur, par exemple qu'un homme est plus grand qu'un autre que l'on peut lui comparer & voir en même tems.

L'excès d'une grandeur pardessus une autre est appelée differen-ce. Cette création des corps pri-

E

mitifs au plus près du néant, eſt
poſitivement l'origine ou la naiſſance des corps quelconques. Je n'ai
découvert cette connoiſſance de
l'origine des corps ou de la veri-
table grandeur que par la recherche de la verité. C'eſt pourquoi
je poſe la verité pour le fondement
des Matématiques, puiſque la verité ſimple eſt inconteſtable.

1re VERITE'. La création des
corps primitifs ou matiere premiere, eſt une verité ſimple & inconteſtable.

De cette premiere verité ſuit
cette ſeconde.

2e. VERITE'. Les parties de cette
matiere ſont indiviſibles, puiſque
ſi l'on ſouſtrait d'un corps quelconque toutes ſes parties moins
une, le reſte eſt le néant plus une
partie de la création.

De ces deux verités ſuit cette
troiſiéme.

3e. VERITE'. Un tout quelconque est égal à toutes ses parties.

Ces trois verités forment la base des Mathematiques.

VERITE'S CONSEQUENTES.

Si le tout est égal à toutes ses parties, toutes les parties font égales ensemble à leur totalité.

Comme cette conséquence est certaine, il s'ensuit qu'un boisseau de bled est doublement divisible.

1°. Par le nombre de tous les grains qu'il contient.

2°. Par tous les corps primitifs dont chaque grain est composé. Donc il est faux qu'un grain de bled soit divisible à l'infini ; car si cette division absurde étoit vraie, la troisiéme verité seroit une fausseté.

PREUVE.

En supposant un grain de bled divisible à l'infini, le boisseau le seroit aussi ; or par cette supposition on feroit forcé de convenir qu'un grain de bled feroit égal au boiffeau. Donc il s'enfuivroit que le tout ne feroit pas égal à toutes fes parties, puifque l'on ne pourroit admettre une fuperiorité de nombre de parties dans le tout; or il eft inconteftable qu'il y a un plus grand nombre de parties dans le tout que dans une ou plufieurs de fes parties. Donc la divifibilité à l'infini eft une propofition abfurde & infoutenable.

Car je puis mettre d'un côté un grain de bled, & de l'autre le boiffeau, même une montagne, ou l'univers, cela eft égal; enfuite tirer la cent milliéme partie de la montagne & la même partie du grain. Il fera inutile d'oppofer la difparité des parties qui compofent le grain, d'avec celles de la montagne. Le partifan de l'infini foutiendra toujours que cette opération eft-faifable. Donc poffible, donc certaine & évidente. Mais l’homme raisonnable dira : je suppose tous les grains du boisseau égaux entr’eux ; donc un grain est à toutes ses parties, comme le boisseau est à tous ses grains, ainsi que deux vases qui contiennent chacun un certain amas.

Or je dis que, puisqu’il est vrai que le boisseau ne contient qu’une certaine somme de grains, il est vrai aussi que le grain n’est composé que d’un certain nombre de parties de la nature qui a pris le soin de les arranger sous son écorce, comme les grains dans le boisseau. Donc il est stupide de dire que l’on peut diviser une de ces parties de la matiere en autant de parties qu’une montagne ; parce qu’alors c’est multiplier cette partie créée au plus près de rien au point de la rendre égale à la chose qu’on lui compare.

La disproportion est un obstacle

invincible à la division ; car la division ne peut subsister égale de part & d'autre qu'entre deux corps égaux. Il est donc évident que la division cessera d'être possible dans le plus petit, pendant qu'elle pourra être poussée dans le plus gros à proportion de son excès sur l'autre.

D'ailleurs c'est enlever à la nature ses unités, c'est composer tous les corps d'infinités, au lieu d'unités, ou métamorphoser les unités en infinités, & changer abusivement le nom d'unité en celui d'infinité. Cette substitution est si en usage, que l'on dit & que l'on écrit, il y avoit un monde infini à telle fête ; pendant que l'on sçait que le nombre des personnes est fixe & déterminé.

Toute figure ayant consistance est un solide.

Le moindre des solides a ces trois dimensions, longueur, largeur & profondeur ; donc une parcelle de

la matière est longue, large & pro-
fonde, sans être pour cela susceptible de division.

Les corps tirant leur origine des
particules de la matiere, on peut
dire que ce mot *matiere* est le sino-
nime de ce mot *nature*. Or la nature étant féconde en productions
de corps de differentes figures &
propriétés, la nature ou la matiere
ne peut être composée d'une seule
& unique sorte d'espece de parcelles ; donc il y a plusieurs especes
d'origines des corps ; donc il y a
des parcelles de differentes figures
indivisibles.

Examinons maintenant en quoi
peut consister une de ces parcelles
ou solide, & tâchons d'en déter-
miner la figure.

Certainement le solide en quoi
consiste une parcelle de la matiere,
est le plus simple de tous les solides,
puisque c'est la plus petite chose
existante.

Aucune figure ne peut être bornée de deux lignes ; car deux lignes droites ne peuvent se joindre par leurs deux extrémités.

Exemple.

Donc une figure ne peut être bornée de deux lignes (*Planche* 1), si l'une des deux n'est une ligne dite courbe.

Exemple.

Or il faut statuer comme verité qu'une ligne courbe n'est pas formée d'une seule ligne, moins encore d'une infinité de points, mais de plusieurs lignes droites ; donc aucune figure ne peut être bornée de deux lignes droites.

Il est donc certain que la plus simple de toutes les figures dites superficies planes, est bornée de trois lignes égales entr'elles *DCEAB*, ce qu'on appelle triangle équilateral, ou dont les côtés sont égaux.

Donc

Donc le plus simple de tous les solides est celui qui a le moins de faces, & dont les faces sont autant de triangles équilateraux.

Un cube a six faces, qu'il soit coupé diagonalement en deux parties égales, chacune de ses moitiés a cinq faces.

Un cube est un solide fait comme un dez à joüer.

Donc le plus simple & le plus petit de tous les solides, ou une parcelle de la matiere, ce qui est la même chose est une piramide qui n'a que quatre faces triangulaires égales entr'elles & équilaterales.

Figure de la Piramide ou Parcelle, Voyez Planche 1.

Figure de l'une de ses faces ou du triangle équilateral.

Le dessein de cette figure (*Pl.* 1.) fait entrevoir les quatre faces de la

Piramide ; *ADB* eſt la plus viſi-
ble, celle *DBC* ombrée , *ABC*
eſt celle ſur laquelle la Piramide
eſt aſſiſe , & *ADE* ſuppoſe celle
qu'on ne peut voir.

Les Partiſans de l'infini poſent
en fait qu'il ne peut être admis
une longueur, largeur & profondeur, ſans convenir en même tems
que tout ce qui eſt long, large &
profond eſt ſuſceptible de diviſion;
parce que telle fraction que ce
puiſſe être après la plus grande diviſion , l'on peut recommencer la
même diviſion ſur la fraction de
fraction auſſi à l'infini. L'on ne
peut, diſent-ils, refuſer ſa foi à
une propoſition ſi claire, ils con-
feſſent néanmoins qu'ils ne con-
çoivent pas comment cela peut
être ; mais ils ſe ſoûmettent au
decret divin , qui nous voile ce
miſtere.

J'ai déja dit que cette diviſion
d'une particule de la matiere étoit

üne multiplication tacite qui lui ajoûtoit autant de parties qu'on vouloit lui en trouver.

C'eſt d'ailleurs ſe former un miſtere où il n'y en a point. Car toutes les lettres de l'alphabet ſont indiviſibles, ainſi que notre triangle équilateral, on peut lire ce que j'en ai dit dans ma Diſſertation ſur la Géométrie ; & notre Piramide n'eſt pas plus diviſible que ce mot *feu* : car je demande aux Partiſans de la diviſibilité à l'infini, non-ſeulement de diviſer une lettre alphabétique, mais je leur propoſe encore de diviſer les mots generalement, comme *feu, air, eau*, &c. dont la ſignification déſigne une choſe particuliere. Ils diviſeront bien les mots en lettres, mais la ſignification reſte toujours entiere & entierement appliquée à la choſe qu'elle déſigne, ainſi que reſte notre Piramide après l'avoir diviſée en ſuperficies & côtés. Et

G ij

malgré leur idée de la division à
l'infini, ils feront forcés de convenir que s'ils ôtent feulement une
lettre de chaque mot, ils n'ont
plus fa fignification ; par exemple, que l'on ôte la lettre *f* de *feu*,
il refte *eu*; que fignifie ce refte *eu*,
ainfi des autres ? Donc il faut pour
avoir toute la fignification de feu
que j'aye les trois lettres qui le
compofent. Donc pour que notre
parcelle ait pû être créée, il a fal-
lu tout d'un coup la créer avec
toutes fes dimenfions longueur,
largeur, profondeur & épaiffeur;
Donc de l'épaiffeur dérivent nécef-
fairement la longueur, la largeur,
les côtés ou lignes, les furfaces, la
hauteur des triangles ou furfaces,
& la hauteur interieure de l'épaiffeur.

Donc il eft à conclure que l'é-
paiffeur feule eft le premier & unique principe de tous les corps &
de toutes les étenduës, & que Dieu

a pû créer plusieurs sortes & figures d'épaisseurs indivisibles, comme nous avons plusieurs sortes de mots ou significations indivisibles. Or la difference des figures suppose en même tems differentes grosseurs, tout de même qu'il y a des mots ou significations qui ont plus de lettres les uns que les autres, & tous également indivisibles. Adorons donc cette Puissance qui s'est manifestée avec tant d'éclat lorsqu'elle a créée l'épaisseur indivisible dans les corps ou parcelles de la lumiere, & confessons que les dimensions d'une chose indivisible font aussi indivisibles qu'elle-même.

DEFINITIONS.

Point Mathematique.

Le Point Mathematique est le point par lequel on désigne l'endroit de la coupure ou section de deux lignes, ce point n'étant que conçu, n'a aucune étenduë ni partie par lui-même; mais l'on fixe par son moyen sur une étenduë quelconque le lieu d'un centre, la pointe d'un angle, la section ou coupure de deux lignes qui se traversent ou tel autre endroit que l'on voudra désigner.

Ligne Mathematique.

Il faut entendre par une ligne ou côté d'une surface, ce qui est la même chose, une étenduë en longueur seulement sans largeur ni profondeur, tel est à peu près le plus fin tranchant d'un rasoir qui ne doit donner aucune prise à nos yeux, & qui est néanmoins continué depuis le bas de la lame jusqu'au haut.

Cette ligne tranchant ou arrête est commune aux deux faces du rasoir, comme les côtés, lignes, tranchants, ou arrêtes de notre piramide, sont aussi communes à deux surfaces.

Angle, ce que c'est.

Un Angle n'est autre chose que l'ouverture plus ou moins grande formée par deux lignes qui se croisent, de quelque maniere que ce soit.

Triangle, ce que c'est.

Le Triangle est une surface ainsi nommée, parce qu'elle est composée de trois angles & bornée de trois côtés ou lignes. Voyez le triangle *ABD* de la Piramide.

Unité corporelle simple.

La parcelle de matiere étant une, nous l'appellons l'unité corporelle simple, & nous la désignerons par le premier des chiffres, qui est 1, lequel par ce moyen est aussi indivisible que la parcelle de matiere qu'il désigne.

Unité surface.

L'unité chiffre repréfente auffi une furface triangulaire d'une partie de la matiere quelconque.

Unités lignes, principes des mefures.

Ce même chiffre défignera auffi les unités lignes indiviſibles principes des mefures, côtés ou longueurs & largeurs des furfaces quelconques.

I de longueur, de largeur, de profondeur, d'épaiſſeur & de furface, font les dimenſions indiviſibles d'une parcelle de la matiere quelconque.

Il n'en eſt pas de même de ce chiffre 1 appliqué à un corps, comme 1 ſol, 1 aulne de drap, 1 once, 1 lentille; car ces corps font diviſibles ainſi que cette unité chiffre, non à l'infini, mais feulement jufqu'aux principes.

Signes qui servent à abreger dans les démonstrations avec leur signification.

Cette marque + signifie plus, — signifie moins, = égal à, > plus grand que, < plus petit que, □ quarré, ▭ quarré long, △ triangle, ⊙ cercle, × multiplié par.

On désignera par des lettres de l'alphabeth certaines grandeurs, comme des lignes, des angles, des triangles, & autres figures, notre objet n'étant pas de grossir un Volume par des mots & leurs significations, ni par des Traités amples de l'Arithmétique & de l'Algébre, nous renvoyons aux bons Auteurs qui ont traité amplement de ces deux parties élémentaires des Mathematiques ; mais il convient que nous avertissions nos Lecteurs que notre dessein n'est pas de déferer suivant l'usage des Mathematiciens tout l'honneur des Mathematiques à la partie d'Algébre, notre intention eſt tout au contraire d'en appuyer toute la force invincible ſur les nombres qu'il eſt tems de juſtifier, & détruire la prévention aveugle où l'on eſt en faveur de ce fameux, mais vain langage, cependant nous lui laiſ-ſerons ce qui peut lui appartenir légitimement.

Avant de paſſer outre, attendu la nouveauté de ces principes, nous dirons encore quelque choſe ſur l'infini : les Partiſans de cette fauſſe idée ſe fondent auſſi ſur cette ſuppoſition.

Deux lignes paralleles ne peuvent jamais ſe rencontrer, donc elles peuvent être continuées à l'infini ; donc il réſulte un eſpace infini entre les deux lignes, à quoi je répons que cette ſuppoſition n'eſt pas du nombre de celles qui d'avance ſont accordées ; car ce n'eſt pas comme ſi je diſois, je

fuppofe qu'une ligne a 10 toifes
de longueur ; cette fuppofition eft
accordée d'avance, parce qu'une
ligne peut effectivement avoir 10
toifes , & dès que je la fuppofe
telle , elle eft accordable , attendu
fa poffibilité ; il n'en eft pas de
même de celle de la continuation
infinie de deux lignes paralleles ,
que je réfute , attendu qu'elle eft
impoffible ; puifque par leur continuation on parviendroit à en faire deux cercles inégaux diftans l'un
de l'autre , & c'eft tout ce qui en
arriveroit ; ce n'eft donc qu'une
imagination , & non une poffibilité ; car l'efpace de la Terre à la
Lune eft fixé , ainfi que de la Lune
au Soleil , & du Soleil aux Etoiles
fixes ; & je ne vois rien dans l'Univers qui n'ait fes bornes ; enfin je
n'y remarque que de l'immenfité.

Donc la propofition toute entiere tombe au néant , n'étant pas
propofable de fuppofer une chofe

purement idéale pour base d'une vérité.

Toute la Terre & ce qu'elle contient est susceptible de division en tant que corps matériel, nous voyons des corps grossir, & d'autres diminuer. Ces verités supposent avec certitude la naissance & la destruction. Qu'est-ce que naissance, si ce n'est le commencement? Qu'est-ce que destruction, si ce n'est une division ou séparation de tous les principes ou parcelles de matiere qui composoient ce corps, & cette décomposition ou séparation étant arrivée à sa perfection, ce corps est parfaitement détruit & entierement décomposé, il est à sa derniere fin; il n'est plus corps, il est confondu dans la mer de la nature ou matiere.

Donc tout corps a un commencement & une fin; or s'il étoit divisible à l'infini, il est clair qu'il n'auroit point de fin, puisqu'il y auroit toujours de sa substance à diviser. Une lentille peut se diviser ainsi qu'une montagne jusqu'aux principes ; car l'une & l'autre ont eu leur commencement ; ils sont tous les deux des accidens de la matiere, l'une par le hazard de considerables amas, l'autre parvenuë lentille par l'effet de la végétation. Ils sont donc assujétis au contraire de leur formation par la décomposition, & comme nous voyons tous les jours ces formations des plantes toujours parfaites dans toutes les especes, toujours les mêmes & avec les mêmes qualités & attributs ; donc il faut de toute nécessité que les principes de toutes ces formations ne soient pas décomposables. Donc rien d'existant corporel n'est décomposable que jusqu'aux principes de sa composition. Or ces principes & les parcelles de la matiere n'étant qu'une même chofe, notre parcelle eft indivifible, & la divifibilité à l'infini une chimere, une imagination frivole.

Vérités incontestables.

Tout corps & fes furfaces font divifibles jufqu'à leurs principes. Toute divifion eft parvenuë aux principes lorfque l'on fe trouve obligé pour divifer encore d'en revenir à une divifion femblable à celle qu'on a faite la derniere, comme on le peut voir dans la divifion du quarré dont les principes font des triangles. Telle divifion eft l'analife véritable, puifque c'eft la recherche des principes.

Des parties des Mathematiques.

Les parties élémentaires des Mathematiques font l'Arithmétique, l'Algébre, & la Géométrie.

Les autres font l'Aftronomie, les Mécaniques, l'Optique, les

Fortifications, la Navigation, &c.
Ces parties font des applications
des trois premieres.

Nous avons commencé à introduire le Lecteur dans les principes
de la grandeur, par la connoiſſance d'une parcelle de la matiere ou
unité corporelle indiviſible.

Nous aurions bien déſiré, en
ſuivant cette connoiſſance, traiter
d'abord de la formation des corps,
mais les preuves que l'on nous a
demandées à la ſuite, & pour ſou-
tenir notre démonſtration, nous
contraignent d'en venir tout d'un
coup à la Géométrie, & nous ſom-
mes obligés de renvoyer aux bons
Auteurs pour l'Arithmétique, l'Algébre, les combinaiſons, progreſ-
ſions, proportions, raiſons, &c.
Mais nous ne laiſſerons pas écha-
per les occaſions d'en parler dans
la ſuite quand elles ſe préſenteront
naturellement.

DE LA GEOMETRIE
OU
DE LA MESURE DE L'ETENDUE.

LIVRE PREMIER.

L'Etenduë se divise en trois especes, la longueur, la largeur & la profondeur qui sont les trois dimensions du corps en general & en particulier d'une parcelle de la matiere.

La longueur & la largeur sont les côtés des surfaces quelconques, entr'autre les côtés de l'une des surfaces d'une piramide ou parcelle de la matiere, appellée triangle équilateral,

Ces côtés sont l'origine des lignes.

Il sera traité dans ce premier Livre des côté & lignes, tant en longueur que largeur.

Les Géometres ont distingué

deux

deux fortes de lignes, la droite &
la courbe ; mais tout corps étant
compofé de piramides triangulaires, toutes les furfaces font com-
pofées intimement & pofitive-
ment de triangles ; donc fi les glo-
bes & leurs dérivés font des maffes
compofés comme les autres corps
ainfi que leurs furfaces, la fuperficie circulaire eft compofée de triangles, de même que le quarré ; donc
la ligne circulaire eft compofée
des côtés de triangles ; donc elle
eft formée de lignes droites, &
c'eft ce qui fait que la circonference eft un poligone ; donc l'on
peut dire qu'il n'y a que des lignes
droites, & nullement de courbes ;
mais parce que les lignes qui envi-
ronnent le cercle ne paroiffent pas
à nos yeux diftinguées comme aux
poligones, & qu'au contraire elles
paroiffent confonduës de telle façon que fur la premiere apparence
on la croit une feule ligne pliée ;

H

pour cette raison nous l'appelle-
rons comme les autres Géométres,
ligne circulaire , & ſes dérivées,
lignes courbes.

CHAPITRE PREMIER.

Des proprietés du triangle équilateral
ou de la génération des ſurfaces
engendrées de cette unité ſurface.

Nous avons démontré qu'une
des parcelles de la matiere a
quatre ſurfaces égales, dont chacune eſt bornée de 3 côtés égaux,
ce qui engendre trois angles égaux;
c'eſt pourquoi cette ſurface eſt appellée triangle équilateral.

Triangle équilateral (Pl. 1. fig. 1.)

Ce triangle eſt une unité principe de ſurface indiviſible, ſes côtés ſont auſſi des unités indiviſibles.

Si à ce triangle nous en ajoû-

tons un autre pareil, ils compo-
feront enfemble la feconde figure
BCDA.

Quarré lozange.

La vûë décide que cette figure
fuperficielle eft un quarré, puifque
fes quatre côtés font égaux, dont
les angles oppofés font égaux, mais
dont deux font une fois plus ouverts que les deux autres ; on appelle cette efpece de quarré, lozange.

Je remarque dans ce quarré lozange que la largeur *CD* = aux
côtés, mais que la longueur *AB*
eft plus grande que chacun des côtés, & que *AB* contient deux
unités hauteurs defdits deux triangles, cette longueur eft appellée
diagonale.

Les côtés *AC*, *CB*, *BD*, & *DA*
font des unités indivifibles, & ce
quarré ne peut être divifé qu'en
2 triangles égaux & équilateraux.

L'unité étant le côté de ce quarré, ce nombre 1 est quarré, & represente ce quarré.

Troisiéme figure (Pl. 1.)

Si nous assemblons trois triangles équilateraux *CBDA*, nous aurons la troisiéme figure.

Cette figure a quatre côtés, dont les trois *AB*, *BC*, *CD* sont égaux, & *AD* est double de chacun des trois autres.

Ce quadrilatere n'a point de diagonale, car on ne pourroit la prendre que de *B* en *D*, ou de *C* en *A*.

Ligne droite.

AD est une ligne composée de deux unités côtés, & cette ligne est droite.

L'étendue en longueur.

C'est ainsi que la ligne droite se forme d'unités principes de la longueur & non d'une infinité de points mathématiques ; ce point n'étant rien par lui - même , ainsi que les Géométres en conviennent ; par conséquent il ne peut être le principe d'aucune étenduë , il sert seulement à assigner un lieu sur une étenduë quelconque.

Cette figure est un demi poligone , parce qu'on peut construire sur *AD* trois autres △ égaux aux trois autres.

Trapezoïde.

Les Géométres appellent cette figure Trapezoïde , parce qu'elle a deux côtés paralleles , *AD* est parallele à *BC* , & que les deux autres ne le font point.

Il est à remarquer qu'en quelque part que j'adosse le troisiéme △ à la figure 2 , il n'en peut resulter que la troisiéme figure.

Quatriéme figure (Pl. 1.)

L'assemblage de quatre △ équilateraux nous donnent un poligone incomplet ; car tous ses côtés font égaux, quatre font exterieurs, & deux rentrans.

Cinquiéme figure (Pl. 1.)

Quatre △ équilateraux donnent aussi la cinquiéme, qui est un quarré long de deux unités sur un de large, ou un lozange doublé. Les côtés opposés font paralleles & égaux, ainsi que les angles opposés.

Sixiéme figure (Pl. 1.)

RÈGLE PREMIERE.

Doubler les côtés, c'est quadrupler la figure.

Il résulte encore de l'assemblage de quatre △ équilateraux cette sixiéme figure, dont les trois côtés font des lignes égales composées de deux unités chacune.

Cette figure est très-importante en ce qu'elle nous prouve, qu'en doublant les côtés d'une figure c'est la quadrupler, ce qui est évident;

le △ total en contient quatre, aufquels il eſt ſemblable. On entend par △ ſemblable des △ qui ont les angles également ouverts, la grandeur ou la petiteſſe d'un △ ne cauſant point de difference dans l'ouverture des angles, laquelle eſt égale dans les grands comme dans les petits, l'écart des lignes étant égal dans les uns comme dans les autres à la naiſſance de l'angle.

Combinaiſons.

Les 4, 5 & 6ᶜ figures n'étant chacune compoſée que de 4 △ ſemblables & égaux, mais de figure differente, & étant toutes celles que ces 4 △ peuvent donner, c'eſt veritablement faire ce qu'on appelle combiner.

Septiéme figure (Pl. 2.)

Le 7ᶜ aſſemblage fait comme le 4ᶜ un poligone incomplet.

Huitiéme figure (*Pl. 2.*)

Poligóne régulier. Exagone.

Cet assemblage fait une figure complette que les Géométres appellent Poligone régulier à cause de l'égalité de ses côtés, & Exagone à cause des six côtés dont il est borné.

Il faut remarquer en cet Exagone qu'il est composé de six $\triangle$ indivisibles, qu'ainsi ses côtés le sont aussi, & de trois lignes diagonales égales & divisibles en deux parties égales aux côtés. Que ces diagonales sont autant de diamétres d'un cercle, dont le point A de leur commune section est le centre. Que les côtés qui ferment ce poligone forment ensemble ce qu'on appelle la ligne circulaire ; ce que nous verrons mieux par la suite.

Ces 8 figures démontrent évidemment que les $\triangle$ équilateraux ne ne peuvent aucunement fervir à former des quarrés dont les côtés foient égaux, & les quatre angles droits; puifqu'ils n'en ont aucun. Donc les piramides ou folides qui ont 4 faces triangulaires équilaterales ne peuvent former par leur affemblage un cube ; donc il eft évident, & c'eft une verité conftante, que cette efpece de parcelle de la matiere a été créée pour faire des corps d'une certaine efpece, & des furfaces, comme les 8 figures que nous venons de confiderer, les fuivantes & leurs compofés,

Combinaifons de 6 △ équilateraux.

Il eft évident que plus il y a de △ joints enfemble, & plus il y a de combinaifons ; nous abandonnons aux curieux toutes celles de 7, 8, 9, 10 & 11 △, & nous allons examiner une figure de 12 △.

I

Neuviéme figure (*Pl. 2.*)

Les figures doubles d'une autre ne font pas toujours reſſemblantes par la figure.

La neuviéme figure eſt compoſée de douze △ ; donc elle eſt double de celle de ſix, ou du poligone
8ᵉ figure, mais elle ne lui reſſem-
ble point pour le deſſein.

Cette étoile eſt une production
de la nature, ainſi que les autres
combinaiſons ; l'art n'y a point de
part ; c'eſt l'ouvrage de la matiere
comme celui des fleurs ; c'eſt elle
qui par l'arrangement de certaines
de ſes parties leur donne leur figure & qualité ; leur diverſité eſt
auſſi differente que leur propriété ;
mais la violette eſt & ſera ce qu'elle
eſt depuis la création.

La terre exhale par l'effet de la
chaleur une prodigieuſe quantité
de parcelles de la matiere, qui ſe

diſperſent dans les airs, ces parcelles éparſes s'attachent aux grains
des pluyes qui les ramenent dans
ſon ſein.

Une partie de ces exhalaiſons
paſſe par les tuyaux ou tiges des
fleurs & autres plantes ; celles qui
ſont propres à s'arranger pour former les fleurs s'y arrêtent par leur
ſurface, les autres ſe diſperſent,
& cet arrangement admirable ſe
fait comme celui de nos Triangles,
d'où il réſulte toujours les mêmes
figures & les mêmes proprietés ;
parce que les graines ſont diſpo-
ſées à reproduire de pareils tuyaux,
par où il ne peut paſſer que les pareilles parties qui ont paſſé par ceux
de la plante, mere de la graine.

Or ſi les parties de la matiere ſe
diviſoient à l'infini, depuis que
la nature eſt en mouvement, ſes
parties ſeroient diviſées par le frot-
tement conſéquemment changées
de figures & incapables de produire

les premieres productions ; nous ne verrions plus les fleurs qu'Adam & que nos Peres ont vûës ; mais la nature n'ayant rien changé dans fes productions, il n'y a pas lieu d'admettre une divifibilité dans les parcelles de la matiere, puifqu'elles font inalterables, même par les plus grands frottemens.

Nous appercevons le $\triangle$ *ABC* compofé de 9 $\triangle$, néanmoins il eft femblable à celui de la figure 6e, qui n'en contient que 4 ; car l'un & l'autre font 2 $\triangle$ équilateraux, parce que les angles ne font pas plus ouverts dans l'un que dans l'autre, & que chacun d'eux a fes trois côtés égaux.

Le $\triangle$ de 9 $\triangle$ a fes 3 côtés divifibles en 3 unités côtés de $\triangle$, comme celui de 4 $\triangle$ a fes côtés de 2 unités pareilles, & attendu que ces 2 $\triangle$ font compofés de $\triangle$ non-feulement femblables, mais de pareille étenduë & indivifibles, ils ne font divifibles que par le nombre de Δ qui les compofent, & leurs côtés par les unités qui les divifent naturellement.

Dixiéme figure (Pl. 2.)

REGLE DEUXIE'ME.

Doublant les côtés d'une figure, on fait une figure femblable & quatruple de la fimple.

ANALISE.

Cette figure 10 eft quatruple de la 8ᵉ, parce qu'elle a fes côtés doubles de ceux de la huitiéme.

Elle eft femblable à la figure 8ᵉ parce que toutes deux ont fix côtés égaux, &c.

La figure fimple eft naturellement infcrite dans un cercle ainfi que la figure quatruple.

Il eft naturellement démontré que la ligne *AB* diamétre du cercle interieur eft la fimple de la

double *DC* ; puifque *AB* n'eſt diviſée qu'en deux parties, & que
DC l'eſt en quatre , & égales entr'elles par la ſuppoſition certaine
que tous les 24 △ ſont égaux entr'eux.

Or comme la ligne entiere *DC*
eſt diamétre du grand cercle , &
qu'elle eſt double de *AB* diamétre du petit cercle, il eſt évident
que le grand cercle eſt quatruple
du cercle interieur. Il eſt de plus
démontré viſiblement que le cercle interieur contient 6 △ , & que
le grand en contient 24, & qu'enfin 4 fois 6 font 24.

Il eſt auſſi démontré naturellement que la propriété des △ équilateraux eſt de conſtruire des diamétres de cercles.

REGLE TROISIE'ME.
*Le diamétre d'un cercle ne ſe peut di-
viſer qu'en nombre pair.*

Dans la figure 8ᵉ le diamétre eſt

naturellement fait de deux côtés de
△ ; donc de toute néceffité le diamétre fe divife par un nombre
pair , & jamais par un nombre impair ; puifque ce feroit contrarier
la nature & la vérité.

Dans la figure 10e le diamétre
du grand cercle $= 4$, & les côtés de
ce poligone $= 2$, comme IC, &c.

$AB = 2$ fois XB, mais la nature engendre $IC = AB$ lorfque BC
eft ajoûté à AB. Je ne puis faire
cette augmentation feulement que
je ne faffe une figure incomplette ;
donc pour la rendre complette , il
faut que je faffe la même augmentation autour de la figure ; donc il
eft fenfé , qu'ajoûtant BC à AB, AD
eft auffi fenfé augmenté à AB , &
dans le même inftant ainfi qu'aux
autres endroits, une augmentation
n'étant pas fenfée faite fans l'autre ,
c'eft pourquoi la profondeur ou
épaiffeur n'a point été créée fans
les autres dimenfions , c'eft-à-dire,

fans les fuperficies , & les fuperfi-
ciés fans les dimenfions de longueur & largeur.

REGLE QUATRIE'ME.

Tout diamétre de poligone régulier
ne peut étre augmenté d'une, mais
au moins de deux unités qui le
divifent.

Donc dans les poligones réguliers quelconques, on ne peut aug-
menter la moitié du diamétre, que
l'autre moitié ne le foit auffi également ; donc on ne peut augmen-
ter le diamétre d'un poligone régulier d'une unité feulement, mais
au moins de deux unités qui le divifent.

Il eft évident que AB eft double de BX, & que DC eft double
de IC ; donc les côtés des poligones réguliers font les moitiés de
leurs diamétres ; car fi $DC = 6$,
$IC = 3$. De même fi $DC = 8$,

$\overline{1C} = 4$: ce que les Curieux peuvent éprouver.

Il est visible que les côtés de l'Exagone, figures 8 & 16, ne paroissent point former parfaitement une ligne circulaire; donc un ⊙ ne peut être composé de 6 △ seulement, conséquemment le nombre 2 ne peut exprimer un diamétre en aucun cas, ni mesure quelconque; donc un ⊙ parfait a plus de 6 côtés, & le diamétre a plus de deux parties.

Quoiqu'il y ait 24 △ dans l'Exagone, figure 10, & que le diamétre $= 4$; néanmoins c'est un exagone & non un ⊙, & quatre parties ne peuvent encore exprimer un diamétre; d'ailleurs l'arrangement où la disposition des △ n'est point telle qu'il faut qu'elle soit pour former un ⊙.

OBSERVATION.

Les figures dont nous nous som-

mes fervis ne font point comme
celles de la Géométrie ordinaire,
en ce qu'elles ne nous reprefentent
que les dimenfions d'une particule
de la matiere créée, & leurs premiers affemblages que nous avons
rendus fenfibles à nos fens par le
moyen des figures géométriques.
Celles dont les Géométres fe font
fervis nous reprefentent au contraire des figures groffieres où ils
trouvent fenfiblement de quoi re-
trancher : mais ils fe perdent quand
ils approchent des mefures infenfi-
bles qu'ils appellent fractions.

C'eft de la naiffance des mefures
dont nous traitons, que la nature
nous fournit elle - même, l'art ne
nous ayant fervi qu'à la rendre fenfible à nos yeux, comme à notre
entendement.

REMARQUE.

Nous avons reconnu que la hau-
teur dans les $\triangle$ équilateraux, eft

plus petite que le côté , c'est pourquoi nous avons distingué plusieurs especes d'unités principes des longueurs : cela est si nécessaire à sçavoir, que nous remarquons que le cercle circonscrit à l'exagone a pour diamétre deux côtés de l'exagone , qui sont deux jambes des △ équilateraux qui le composent , & que le diamétre du cercle inscrit dans l'exagone est composé de deux unités hauteurs desdits △.

Nous avons fait attention que Dieu ne s'est pas borné à créer la matiere composée d'une seule sorte de parties sur la connoissance que nous avons de la diversité des letres & des mots ; donc il y a des piramides ou parcelles de la matiere de diverses figures, & il est certain qu'il y en a de telle sorte que leurs surfaces sont des △ qui ne sont pas équilateraux, mais des △ dont la base est plus grande que chacun des deux autres côtés.

Exemple. (*Pl. 2.*)

Triangle isocele.

Le △ *ABC* est équilateral, si j'élargis l'angle *B*, & que je fasse parvenir *AB* en *IB*, comme si j'ouvrois une branche d'un compas pendant que l'autre resteroit pointée en *C* & immobile, alors le △ *IBC* aura sa base *IC* > que les jambes *BC* ou *BI*.

Ce △ qui n'a que deux jambes ou côtés égaux, est appellé par les Géométres Triangle isocéle, dont nous allons examiner les propriétés dans le Chapitre second.

accorder nos Lettres de permiſſion pour
ce néceſſaires : Nous lui avons permis
& permettons par ces Préſentes de faire
imprimer l'Ouvrage ci-deſſus en un ou
pluſieurs volumes, & autant de fois que
bon lui ſemblera , & de le faire vendre
& débiter par tout notre Royaume pendant le tems de trois années conſécuti-
ves à compter du jour de la datte deſdites Préſentes. Faiſons défenſes à tous
Libraires , Imprimeurs , & autres perſonnes de quelque qualité & condition
qu'elles ſoient, d'en introduire d'impreſſion étrangere dans aucun lieu de
notre obéiſſance ; à la charge que ces
Préſentes ſeront enregiſtrées tout au
long ſur le Regiſtre de la Communauté
des Libraires & Imprimeurs de Paris
dans trois mois de la datte d'icelles ;
que l'impreſſion dudit Ouvrage ſera faite en notre Royaume & non ailleurs en
bon papier & beaux caracteres , conformément à la feuille imprimée attachée
pour modéle ſous le contreſcel deſdites
Préſentes ; que l'Impétrant ſe confor-
mera en tout aux Réglemens de la Li-
brairie , & notamment à celui du 10
Avril 1725. & qu'avant que de les
expoſer en vente , le manuſcrit ou im-

primé qui aura servi de copie à l'impression dudit Ouvrage, sera remis dans le même état où l'approbation y aura été donnée ès mains de notre très-cher & féal Chevalier le Sieur Daguesseau, Chancelier de France, Commandeur de nos ordres, & qu'il en sera ensuite remis deux exemplaires dans notre Bibliotheque publique, un dans celle de notre Château du Louvre, & un dans celle de notredit très-cher & féal Chevalier le Sieur Daguesseau, Chancelier de France ; le tout à peine de nullité des Présentes. Du contenu desquelles vous mandons & enjoignons de faire joüir ledit Exposant & ses ayans causes pleinement & paisiblement, sans souffrir qu'il leur soit fait aucun trouble ou empêchement. Voulons qu'à la copie desdites Présentes qui sera imprimée tout au long au commencement ou à la fin dudit Ouvrage, foi soit ajoûtée comme à l'original. Commandons au premier notre Huissier ou Sergent sur ce requis de faire pour l'exécution d'icelles tous actes requis & nécessaires, sans demander autre permission, & nonobstant clameur de Haro, Charte Normande, & Lettres à ce contraires :

car tel est notre plaisir. Donné à Paris le troisiéme jour du mois de Décembre l'an de grace mil sept cens quarante-deux, & de notre régne le vingt-huitiéme.

Par le Roy en son Conseil. SAINSON.

Registré sur le Registre onze de la Chambre Royale & Syndicale des Libraires & Imprimeurs de Paris, n°. 125. fol. 107. conformément au Réglement de 1723. qui fait défense, art. 4. à toutes personnes de quelque qualité & condition qu'elles soient autres que les Libraires & Imprimeurs, de vendre, débiter & faire afficher aucuns Livres pour les vendre, en leurs noms, soit qu'ils s'en disent les Auteurs ou autrement. Et à la charge de fournir à ladite Chambre Royale & Syndicale des Libraires & Imprimeurs de Paris huit Exemplaires prescrits par l'Art. 108. du même Réglement. A Paris le 8 Février 1743.

SAUGRAIN, *Syndic.*

De l'Imprimerie de JOSEPH BULLOT.

Planche 1ere
Exemples
Exemple
1ere Figure
2e Figure
D
C E A
B
B
C D
A
C
B
D
A
3e Figure
4e Figure
5e Figure
6e Figure

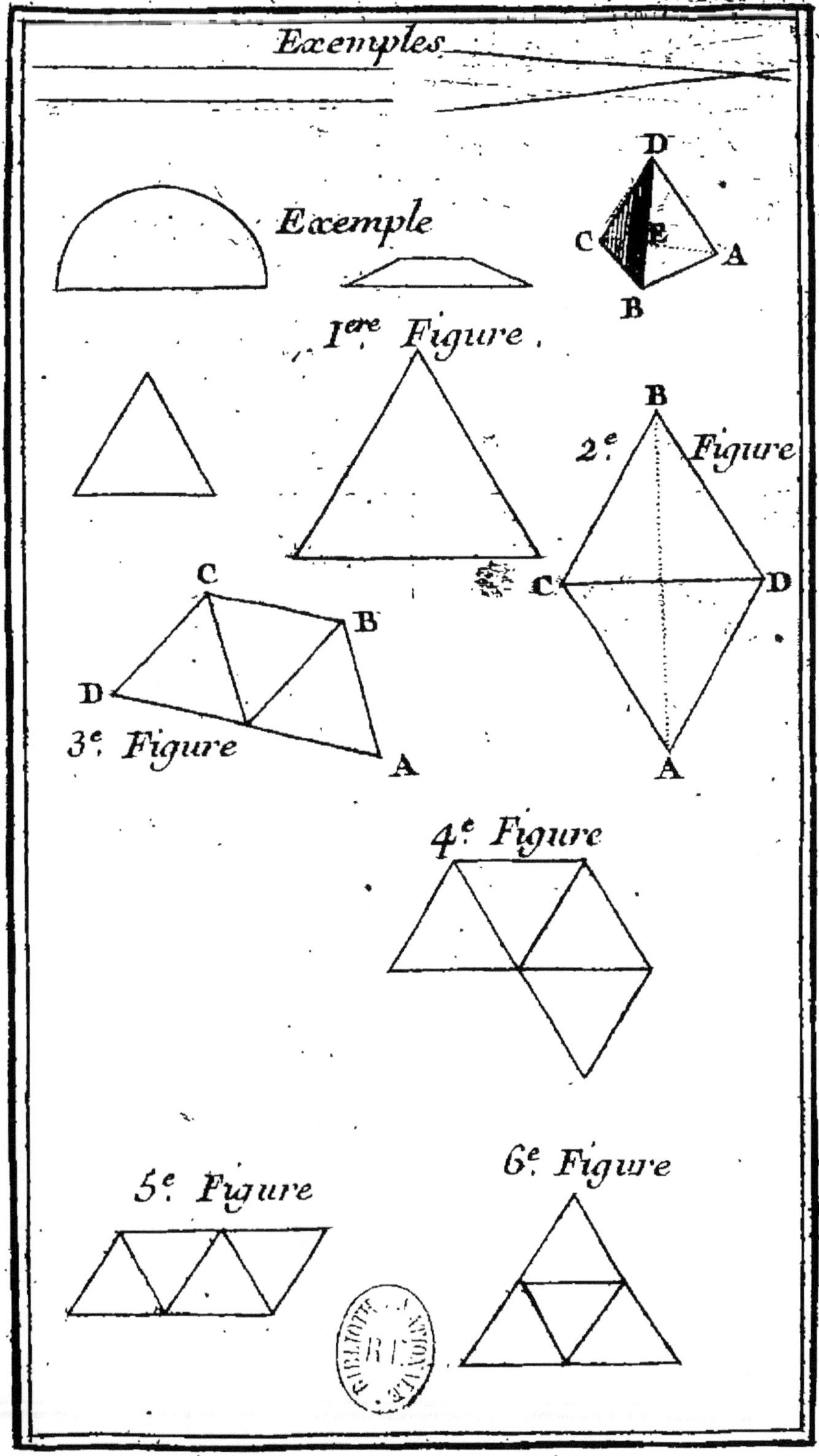

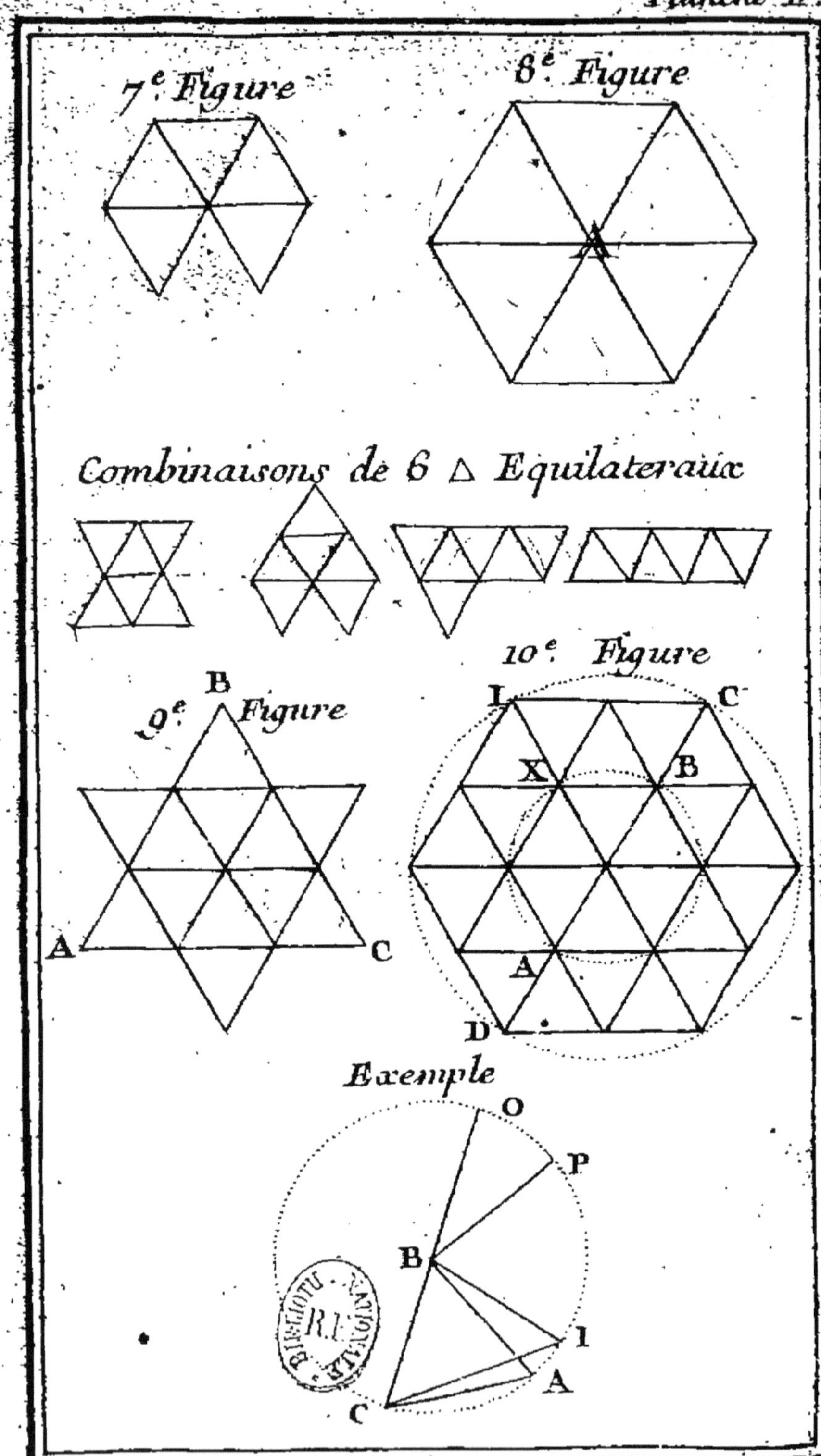

7.e Figure
8.e Figure
Combinaisons de 6 △ Equilateraux
9.e Figure
10.e Figure
B
A
C
I
C
X
B
A
D
Exemple
O
P
B
I
A
C